Á Anne-Émeline

De la Balade envisagée comme l'un des Beaux-Arts

JEAN-FRANÇOIS
TENDON-COLAS

De la Balade envisagée comme l'un des Beaux-Arts

suivi

d'Impressions

PARAGES

Préface

Il n'existe pas de coucher de soleil bon marché. De paysage non plus, d'ailleurs. Les lumières de la presqu'île du Cotentin ou d'Ile-de-France, valent bien celles de la Guadeloupe ou de n'importe quel autre bout du monde. Après tout, ces couchers de soleil, ces paysages, n'ont-ils pas lieu sur ce magnifique vaisseau qu'est notre planète ? Le ciel est beau où que l'on soit, les paysages aussi. Mais il est de notre nature de mêler nos affects à nos impressions, et souvent nous ne savourons l'espace qui s'étale devant nous qu'à l'aune d'un congé ou d'un voyage loin de chez nous.

Pour moi, je me rappelle clairement de tous mes voyages aux Antilles et en Normandie, qui sont les régions dont sont issus respectivement mon père et ma mère. C'est sans doute la raison pour laquelle je me sens particulièrement à l'aise pour évoquer aujourd'hui mes impressions de voyage *là-bas*. Une autre raison m'incite à parler de façon apaisée du voyage, de *là-bas*, et elle est toute simple, c'est que je me sens bien *ici, chez moi*, avec Anne-Émeline, en Bretagne. Je pense d'ailleurs que se sentir bien *ici* est la condition *sine qua non* pour voyager. Et pourquoi pas même, pour que *là-bas* devienne un autre *ici*. Si tel n'était pas le cas, ne prendrions-nous pas le risque, une fois *là-bas*, de vouloir encore être *ailleurs* ?

Une chose m'apparaît sûre, c'est que nous ne pouvons partir dans de bonnes conditions que si nous sommes en paix *ici, chez nous*. Dans le cas contraire nous ne faisons que dépayser le problème. Et notre déception est d'autant plus grande.

Mais d'où vient que nous idéalisions *là-bas* ? Si c'est pour fuir notre quotidien, pauvres de nous ! Serions-nous tous devenus dromomanes[1] ? Ne nous sentirions-nous bien qu'*ailleurs* ? Á moins que *là-bas* soit pour nous un autre *ici*, je veux dire un autre *chez nous*, comme ces lieux que nous avons connus dans notre prime enfance.

Je me souviens parfaitement de mon premier voyage en Guadeloupe ainsi que de mon enfance en Normandie. Les souvenirs que j'en ai me nourrissent encore. Il n'est pas une journée qui ne se passe sans que me reviennent des images de ces régions adorées.

Autrement dit, je ne voyage pas pour me dépayser, mais pour retrouver d'autres *chez moi*. J'arrête là mes divagations…

Á présent donc, que pourrais-je dire qui n'ait pas déjà été dit et redit ? Peu m'importe après tout, j'ai connu le bonheur en marchant et je veux juste

---

[1] Personnes qui éprouvent le besoin irrésistible de se déplacer sans utilité.

l'écrire pour le revivre et le faire vivre à volonté.

J'écris aussi pour me surprendre, me prendre au dépourvu, et j'espère découvrir de nouvelles choses concernant les moments heureux que j'ai eus en marchant, en les couchant sur le papier. Á cette époque, je me promenais sans me soucier d'en rapporter quoi que ce soit, j'étais insouciant, je ne fomentais pas encore l'envie d'écrire.

Á présent, je veux fixer toutes ces fois où j'ai eu les yeux plus gros que mon âme en me baladant !

Note liminaire

J'ai compris une chose lors de mes voyages, même s'il m'a fallu près d'une vie pour l'expliciter : regarder c'est s'approprier.

EMBARQUEMENT

Enfin nous embarquons ! Direction
l'autre bout du monde, aux Jardins
d'Amérique, où se pâment les Antilles
rêvées de mon enfance ! Mais je ne veux
pas galvauder le vol en lui-même, j'aime
tellement prendre l'avion que je pressens
beaucoup de joie à venir durant la
traversée.

Version α

De quoi rêvé-je en embarquant ? De
bleu ! de bleu ! de bleu ! d'une effusion de
bleu !

Version β

De quoi rêvé-je en embarquant ? De bleu ! de bleu ! de bleu ! de bleu, à m'en exploser l'âme !

Á TRAVERS
LE HUBLOT

Ici, en plein jour, à douze mille mètres au-dessus de la mer, dans la haute atmosphère, où l'air est très rare, il m'apparaît clairement que pour appréhender le ciel, la démesure est la seule mesure.

Face la vasteté qui s'étale devant moi, au-dessus et en-dessous de moi à perte de vue, je me dis qu'il faut être un héros pour contempler le ciel sans vouloir en faire une œuvre d'art.

Mon âme avale d'énormes quantités d'espace. Certes, l'horizon semble inépuisable, mais mon appétit est insatiable : c'est à peine si cela suffit, car je veux voir, encore et encore, à travers le hublot, l'immensité qui se déroule sans fin sous mes yeux.

Assis côté hublot, je chute lentement à travers celui-ci, happé par le vide.

J'observe çà et là des troupeaux de
nuages ; le temps d'un songe, je suis leur
berger.

Tandis que les réacteurs vrombissent, devant un tel panorama, je songe à foison. Mais toute ma rêverie est si volatile, si diffuse, que je n'en retiens quasiment rien, sinon un sentiment d'apaisement, car je suis suffisamment mûr à présent pour apprécier cet état sans souffrir de n'en pouvoir rien dire.

Je dois me contenir, faire comme si de rien n'était. Ce qui se passe à l'extérieur de l'avion, la mésosphère au-dessus, l'océan à perte de vue en bas. La seule chose qui compte, c'est que je me sente bien, et tant pis pour la poésie !

Face à ce panorama, je me sens livré à moi-même, mais ce n'est pas si mal, après tout je me dis que je suis en bonne compagnie.

Ma capacité d'émerveillement est largement atteinte, la planète vue du ciel est sublime, et alors ? Mon cerveau est saturé d'informations, et, paradoxalement, je me réconforte en pensant que, même en y mettant toute mon énergie, je ne viendrai jamais à bout de tout ce bleu.

Perdu dans l'espace quelque part au-dessus de l'Atlantique, je m'en remets au commandant de bord pour arriver en Guadeloupe. Une fois de plus je n'ai pas d'autre choix que de m'abandonner. La seule chose qui dépende de moi -et encore, pour peu que j'aie un peu d'inspiration- c'est d'écrire quelque chose qui donne du sens à mon périple. Bien sûr, je pourrais écouter de la musique, mais je crois que ce serait une erreur, car la musique, comme l'azur, éveille autant qu'elle hypnotise, ce qui fait, selon moi, que l'on ne peut pas mélanger ces deux choses tout à fait hétérogènes. Entre regarder et écouter, il faut choisir ; la musique nous ouvre les espaces intérieurs, tandis que la contemplation du ciel et de la mer, elle, nous ouvre sur le monde extérieur.

DE LA COUSINIÈRE Á TROIS RIVIÈRES

Je n'ai rien préparé, j'ai été totalement pris de court. Il est tôt le matin et je suis enfermé dehors, ma famille est partie aux Saintes[1] et m'a oublié, ils ne rentreront que ce soir.

Au petit matin, je contemple les nuages
dorés, le paysage me sourit, il fait beau ;
je me sens bien, je sais d'avance que je
vais passer une journée mémorable !

C'est comme si je percevais l'harmonie du paysage sans pour autant chercher à l'élucider : je me fais tout petit, incognito.

Mon cœur bat à pleine joie : le moment
opportun pour divaguer n'en finit pas de
durer.

Si je prêtais trop attention au paysage qui
se déroule autour de moi, à coup sûr je
succomberais. Alors je marche, comme si
de rien n'était, histoire de me fondre dans
le décor.

Un bref instant, je cherche à prendre le
panorama au dépourvu, et puis
j'abandonne, je me laisse aller, tout va
bien, le paysage est accueillant.

Je sens grandir en moi l'envie de tenir des propos considérables ! alors je déclame des vers de Saint-John Perse. Puis ma fièvre tombe et je reprends ma marche, en silence.

Cette balade n'en finit pas de me
combler : où que mes yeux se posent,
mon regard est exaucé.

Mes pas ne tournent qu'à bon escient, ils sonnent juste, je n'ai jamais été aussi heureux de marcher.

J'évolue dans un silence peuplé d'arbres tropicaux et de chants d'oiseaux. De là à dire qu'ils complotent pour m'éblouir…

Je marche seul, quelque part au sud de la Basse-Terre, en Guadeloupe, où la Vieille Dame[1], dans toute sa gloire, vibre imperceptiblement du danger qu'elle fait planer sur l'île.

---

[1] Surnom donné au volcan de La Soufrière.

Tout le long de la route, l'odeur entêtante
des fruits qui fermentent au sol.

Plus je marche et plus je me sens libre, sans craindre une apogée quelconque : chaque pas se suffit à lui-même, chaque pas m'éloigne au plus près de moi-même.

Le chemin m'accompagne, les paysages
de la Basse-Terre enchantent ma solitude.

Je me sens inspiré, gros d'un poème, mais que l'on ne me demande surtout pas de l'écrire car je ne saurais pas par où l'entamer ; pour l'heure je préfère marcher plutôt qu'écrire. J'ai l'impression extraordinaire d'être capable de composer un poème, et cette impression me suffit.

Je ne me perds pas dans les détails, je garde une vue d'ensemble. Je laisse la lumière, les couleurs et les sons impressionner mon cerveau, et je me laisse aller à la rêverie.

Le soleil mène la danse ! Tout est agréablement chaud, et je me laisse aller, je n'ai besoin de rien. Je garde les mots pour plus tard.

Pour assimiler autant de splendeurs, il faut croire plutôt que de chercher à être rationnel.

Ô la joie d'une balade qui n'en finit pas,
qui recommence à chaque virage !

Depuis l'embarcadère, je regarde le paysage que m'offrent les îles des Saintes, comme s'il s'agissait d'une femme fatale.

Au moment de quitter la plage, après cette magnifique journée, je ressens quelque chose de triste, comme des amants qui se séparent.

LA GRANDE VALLÉE

Je ne connais rien à la botanique, j'ai un peu lu pour en savoir plus sur la flore guadeloupéenne, mais je n'ai quasiment rien retenu. Je connais seulement le nom de certains arbres, encore que je ne sache pas les reconnaître.

Être totalement présent à mes perceptions est impossible, trop de choses m'en empêchent : la végétation qui foisonne, les montagnes qui m'environnent, l'eau vive qui irrigue la vallée, et l'odeur des fruits mûrs tombés au sol qui pourrissent et qui m'enivre.

Je pressens d'heureuses conjonctions,
mais je ne dois rien en dire ou bien elles
risqueraient de s'enfuir…

En cas de crainte, pour s'émerveiller il faut se souvenir qu'il faut parfois attendre, pour s'avoir à l'usure, en quelque sorte.

Il n'y a pas de glacier en Guadeloupe, pourtant, en se baignant dans la rivière, on pourrait en douter : l'eau est si fraîche, si revigorante !

Ô Seigneur, si tu existes, fais en sorte que
je ne sois jamais rassasié !

Je suis entièrement disponible pour accueillir le paysage, les odeurs, les images et la chaleur.

J'ai un simplexe d'émerveillement.

C'est comme si j'étais amoureux de ce paysage, je surinterprète le moindre signe que la nature m'adresse. Est-il possible que l'amour que je ressens à cet instant soit réciproque ?

Toutes ces choses sont si belles que j'ai du mal à croire qu'elles existent. J'en viens même à douter de ma propre présence. Rêvé-je ou bien suis-je là ? Oh, la question est trop complexe ! Dans le doute, je préfère me baigner !

Une fois dans l'eau, je suis envahi par la
sensation exaltante que je serai toujours
jeune !

Je dois me taire, ou alors parler avec parcimonie en choisissant particulièrement bien mes mots. Non pas que la parole soit nécessairement une erreur, mais il émane de la nature tant de grâce que je pourrais la profaner en m'exprimant mal. Il est question d'endurance aussi, il me serait impossible de venir à bout de toutes ces merveilles en parlant, et le risque serait grand que je me sentisse frustré d'être passé à côté de ma cible en étant inexhaustif.

Mon regard s'empare d'une montagne, d'une forêt, d'un rivage : mon regard règne en maître.

Je veux avoir l'esprit tranquille, ne pas
avoir à surveiller mon âme comme le lait
sur le feu, en ayant peur qu'elle ne
déborde face à tant de splendeurs.

Pour l'heure je ne suis qu'une présence,
sans autre souci que d'être-là ; je garde
mes souvenirs pour plus tard, pour quand
il fera nuit.

Je ne me sens pas comme ces pauvres diables enfermés dans leur cervelle, l'espace est grand ouvert devant moi : la montagne s'admire dans mon regard.

LA GLACERIE

Il est dix-huit heures. Dehors il fait froid et il fait nuit. Mamie Jeannot prend le bidon et demande lesquels d'entre nous veulent aller chercher le lait. Il y a mes deux jeunes oncles, Stéphane et Laurent, et mon cousin Arnaud âgé de trois ans de plus que moi. Je ne suis qu'un gosse, j'ai à peine cinq ans. Mais ici, à part les renards et les hiboux, il n'y a rien à craindre, alors je me porte volontaire pour aller chez l'oncle Roger, le frère de Mamie, ramener le lait que nous mettrons dans la soupe ce soir.

La distance est assez courte, pas plus de huit cents mètres, mais il fait nuit et il n'y a ni maison, ni éclairage entre celle de Mamie et la ferme de l'oncle Roger.

Je ne me souviens pas de l'aller, mais j'ai des souvenirs très nets du retour, avec le bidon plein. Tandis que nous longeons la forêt, mon oncle Stéphane, qui a bien quinze ans, s'amuse à me faire peur avec ses histoires de loups. Mon oncle

Laurent, qui n'a que treize ans, lui, me rassure. Et nous marchons ainsi, sans perdre de temps, en fixant depuis le virage de la rivière la cuisine allumée de notre maison.

IMPRESSIONS

Mon cœur déborde de joie ! J'ai envie d'écrire sans savoir où je vais, pour le plaisir d'aller et d'en garder la trace ; j'ai envie d'écrire comme j'aime me balader : au hasard.

-

Dans cette effervescence, rien ne peut m'empêcher d'aimer, de me sentir bien, de vouloir payer ma balade avec un sourire !

-

La Basse-Terre, ô toi dont ma femme est jalouse !

-

Á Vieux-Habitants, au petit matin, l'odeur des feuillages mêlée à la douceur des vents alizés, m'enchante.

-

L'amour que j'éprouve me rend invulnérable, m'accorde l'immunité, comme lorsque l'on écoute une jolie musique.

-

L'âge ne m'a pas rendu plus sage, bien au contraire, je sens mon cœur prêt à s'enflammer pour n'importe quel paysage, pour n'importe quelle musique !

-

Pour rêvasser ? Rien de plus simple, je regarde autour de moi, en l'air, et je laisse mon regard voler d'arbre en arbre, de nuage en nuage.

-

J'aime aussi le crachin. C'est agréable de marcher au travers. Étonnamment, le crachin dessine des contours précis à tout ce qu'il recouvre, la réverbération de la lumière sur les gouttelettes, sans doute.

-

Certes, j'aime bien écrire ces temps-ci, mais une chose perdure : j'ai une endurance courte, disons que je n'ai pas accès au grand large et que je dois me contenter de caboter.

-

J'aime aussi la nuit, surtout aux Antilles. Là-bas, avec le coassement des grenouilles et les stridulations des insectes, en levant les yeux, on entend les étoiles scintiller !

-

Certes, je ne me balade plus qu'en imagination depuis que je ne peux plus marcher. Mais j'ai tant de souvenirs de paysages accueillants que cela me suffit.

Table des matières

DU MÊME AUTEUR

Aux éditions Parages

Poésie

PÔÉMIEN
(Anthologie poétique personnelle)

ENTRE ICARE ET ORPHÉE

ANATOMIE DE LA VICTOIRE

Contes et nouvelles

UN CONTE OU LA MORT !

LES HISTOIRES FOLLES MAIS VRAIES
D'ANTOINE-MARC

Aux Éditions d'Outre-part

LA CURIEUSE AVENTURE DE PHILLIS

KAMAR AL FAYOUM
LE RÉSURRECTEUR

Vous avez aimé ce que vous avez lu ?

Vous voulez continuer à voyager au gré des mots de l'auteur ?

Retrouvez son univers sur :

jeanfrancoisdanslesnuages.fr

Dépôt légal : octobre 2023
N° d'éditeur : 9791091616

9 791091 616140